BEI GRIN MACHT SICH IHR WISSEN BEZAHLT

AF149520

- Wir veröffentlichen Ihre Hausarbeit,
  Bachelor- und Masterarbeit

- Ihr eigenes eBook und Buch -
  weltweit in allen wichtigen Shops

- Verdienen Sie an jedem Verkauf

Jetzt bei www.GRIN.com hochladen und kostenlos publizieren

GRIN

Katharina von Lingen

Psychoanalytisches Angstkonzept nach Sigmund Freud - ein kurzer Überblick

GRIN Verlag

Bibliografische Information der Deutschen Nationalbibliothek:

Die Deutsche Bibliothek verzeichnet diese Publikation in der Deutschen National-
bibliografie; detaillierte bibliografische Daten sind im Internet über http://dnb.d-
nb.de/ abrufbar.

Dieses Werk sowie alle darin enthaltenen einzelnen Beiträge und Abbildungen
sind urheberrechtlich geschützt. Jede Verwertung, die nicht ausdrücklich vom
Urheberrechtsschutz zugelassen ist, bedarf der vorherigen Zustimmung des Verla-
ges. Das gilt insbesondere für Vervielfältigungen, Bearbeitungen, Übersetzungen,
Mikroverfilmungen, Auswertungen durch Datenbanken und für die Einspeicherung
und Verarbeitung in elektronische Systeme. Alle Rechte, auch die des auszugsweisen
Nachdrucks, der fotomechanischen Wiedergabe (einschließlich Mikrokopie) sowie
der Auswertung durch Datenbanken oder ähnliche Einrichtungen, vorbehalten.

Impressum:

Copyright © 2001 GRIN Verlag GmbH
Druck und Bindung: Books on Demand GmbH, Norderstedt Germany
ISBN: 978-3-638-93888-4

Dieses Buch bei GRIN:

http://www.grin.com/de/e-book/20610/psychoanalytisches-angstkonzept-nach-sig-
mund-freud-ein-kurzer-ueberblick

GRIN - Your knowledge has value

Der GRIN Verlag publiziert seit 1998 wissenschaftliche Arbeiten von Studenten, Hochschullehrern und anderen Akademikern als eBook und gedrucktes Buch. Die Verlagswebsite www.grin.com ist die ideale Plattform zur Veröffentlichung von Hausarbeiten, Abschlussarbeiten, wissenschaftlichen Aufsätzen, Dissertationen und Fachbüchern.

Besuchen Sie uns im Internet:

http://www.grin.com/

http://www.facebook.com/grincom

http://www.twitter.com/grin_com

Universität Hannover
Psychologisches Institut
Sommersemester 2001
Seminar: Angst und Angstbewältigung

Referat

Psychoanalytisches Angstkonzept

nach

Sigmund Freud

Katharina von Lingen

Inhalstverzeichnis

1 Biographie Sigmund Freuds

1856 wurde Sigismund Freud als ältestes von acht Kindern in Freiberg, Mähren (Tschechien) geboren.

Er war der Sohn eines Wollhändlers und galt als Liebling seiner Mutter, worauf er seine eigene Erfolgszuversicht zurückführte.

1980 zog die Familie nach Wien. Dort absolvierte Freud 1873 seine Matura und studierte anschließend Medizin an der Universität Wien. 1881 promovierte er zum Doktor der Medizin und begann 1882 unter Theodor Meynert an der Psychiatrischen Klinik als wissenschaftlicher Assistent zu arbeiten.

Mit seiner Frau Martha Bernays, die er 1886 heiratete, hatte er sechs Kinder, ihre jüngste Tochter Anna wurde später eine anerkannte Kinderpsychoanalytikerin (sie eröffnete 1937 gemeinsam mit Dorothy Burlingham einen Kindergarten für Kleinkinder, in dem sie ihre Studien über Aspekte kindlichen Essverhaltens begann).

Im gleichen Jahr 1886 zwangen ihn finanzielle Gründe und Aufstiegsbarrieren für Juden, seine erste eigene Praxis als Nervenarzt zu eröffnen und er begann, nervöse Patienten zu behandeln und sich mit dem therapeutischen Einsatz von Hypnose zu beschäftigen. Er selber setzte die Hypnose nie ein und lernte auch nicht sie zu beherrschen oder anzuwenden.

Freud war fasziniert von den Phänomen der hysterischen Erkrankung: Psychische Störungen mit starken somatischen Symptomen, die zur damaligen Zeit weit verbreitet waren. Sein zunehmendes Interesse an der Hypnose wurde geweckt durch einen Studienaufenthalt in Paris bei Jean Charcot (1885-1886) und danach durch die Zusammenarbeit mit Josef Breuer, beides anerkannte Leiter von Irrenhäusern. 1895 veröffentlichte Freud zusammen mit Josef Breuer die Studien über Hysterie.

1895 gelang Sigmund Freud auch die erste Analyse eines eigenen Traumes. Aus der Analyse seiner eigenen und der Träume seiner Patienten sowie deren Kindheitserinnerungen entstanden 1899 die ersten Exemplare der auf 1900 vordatierten Traumdeutung. Zwischen diesen beiden Geschehnissen verwendete Freud 1896 zum ersten Mal den Begriff der Psychoanalyse.

Seine gewagten und revolutionären Theorien und Erkenntnisse stießen in der damaligen Zeit, die beherrscht war vom viktorianischen Denken, auf große Widerstände unter Ärzten und Wissenschaftlern. Die Entwicklung seiner aufsehenerregenden Gedanken und Hypothesen sowie ihre Diskussion und Weiterentwicklung geschah zum großen Teil im Rahmen einer privaten Gruppe kompetenter Interessierter, der „Mittwochsgesellschaft" (später psychoanalytische Vereinigung). Diese wurde 1902 gegründet und ihr gehörten neben den bekannten Psychologen C. G. Jung und A. Adler noch eine Reihe anderer Psychoanalytiker an, die erst später bekannt wurden.

Ein Wendepunkt in Sigmund Freuds Schaffensbiographie ist 1909 die Einladung der Clark University in Worcester, Massachusetts, anlässlich deren 20jährigen Gründungsfeier er gebeten wurde, eine Vortragsreihe zu halten ("Fünf Vorlesungen über Psychoanalyse"). Ihm wird die Ehrendoktorwürde verliehen. Diese Einladung zeugt von zunehmender offizieller internationaler Anerkennung seiner Arbeiten.

1933, als Hitler Reichskanzler wird, korrespondieren Freud und Albert Einstein über die Frage „Warum Krieg?".

Der österreichische Kanzler Schuschnigg wird 1938 von Hitler zum Rücktritt gezwungen. Am 13. März wird Österreich nach einer Volksabstimmung an das Deutsche Reich „angeschlossen". Eine Welle von politischen Verhaftungen und antisemitischen Verfolgungsaktionen bricht los. Sigmund Freuds Wohnung und die Wiener Psychoanalytische Vereinigung werden durchsucht. Anna Freud wird einen Tag lang von der Gestapo festgehalten und verhört. Schließlich emigriert Sigmund Freud mit seiner Familie nach London. Schon 1923 wurden die ersten Anzeichen von Mundhöhlenkrebs bei Freud entdeckt und 1930 erlitt er einen Herzanfall und musste daraufhin das Rauchen aufgeben. Am 23. September 1939 stirbt er dann in England im Alter von 83 Jahren. Sein letzter Tagebucheintrag vom 25. August lautete: „Kriegspanik".

Nach dem ersten Weltkrieg fanden die Psychoanalyse und damit Freuds Theorien zunehmend mehr offizielle, breite Anerkennung. Die daraus entwickelte spezifische Therapieform, die Psychoanalyse, beeinflusste zunehmend die Psychiatrie und die Sozialwissenschaften.

Einige Aspekte und Behauptungen seiner theoretischen Konstrukte über die menschliche Psyche stießen jedoch nach wie vor auf extreme Ablehnung in weiten Kreisen der Gesellschaft, z. B. die Postulierung einer kindlichen Sexualität.

Im Laufe der Jahrzehnte entwickelte Freud seine Theorien laufend weiter: Er prüfte, wendete an, verwarf, revidierte und entwickelte neu. Letzte grundlegende Veränderungen nahm er noch im Alter von 70 Jahren vor, an der Triebtheorie samt der Einführung eines selbständigen Aggressionstriebes, bei deren Erstentwicklung er stark unter dem Einfluss der Grauen des ersten Weltkrieges gestanden hatte.

2 Angstauffassung im historischen Überblick

Freud nahm grundsätzlich an, dass Angst eine biologisch ererbte Basis hat. Er war also der Auffassung, dass der menschliche Organismus die angeborene Fähigkeit habe, mit den psychologischen und physiologischen Manifestationen zu reagieren, die wir Angst nennen. Diese Fähigkeit hat eine entscheidende Funktion für das Überleben des Einzelnen. Freud stellt keine Überlegungen an über den Grundursprung oder die Natur der Angst, vielmehr über ihre Bedeutung und ihren Platz im psychischen Leben des Menschen und ihre pathologischen Formen.

Er schrieb in der Reihe „Neue Vorlesungen zur Einführung in die Psychoanalyse", Angst sei „ein Affektzustand, also eine Vereinigung von bestimmten Empfindungen der Lust-Unlust-Reihe mit den ihnen entsprechenden Abfuhrinnervationen und deren Wahrnehmung, wahrscheinlich aber der Niederschlag eines gewissen bedeutungsvollen Ereignisses, durch Vererbung einverleibt." [Freud, S., G. W., Bd. 15, S. 87 f.].

In den Anfängen der Psychoanalyse hält Freud Angst für die Folge eines rein biologischen Prozesses. „Dies sind überhaupt nicht Vorgänge psychischer Natur, sondern physische Vorgänge" mit „psychische[n] Folgen" (Freud, S., G.W., Bd.1, S 67). Er postuliert die Ansicht, Angst trete in der Neurose aufgrund einer Störung der Abfuhr von Sexualspannung auf, resultierend aus einer Anhäufung unabgeführter Libido, die unmittelbar in Angst umgewandelt wird. Auch in dieser ersten Phase der Theorieentwicklung hat Freud allerdings schon die Vorstellung, dass ein geringes Maß an Unlust (Angst) als Signal zur Vermeidung weiterer Unlust wirke.

Später, nach dem Jahr 1923, lässt Freud in seinem Strukturmodell der psychischen Funktionen seine vorangegangene Hypothese fallen, denn sie erklärte zwar das Vorhandensein der Angst in den Angst- oder Aktualneurosen, nicht jedoch die Angst in den Psychoneurosen (Zwangsneurosen, Phobien), bei denen der Einfluss psychischer Ereignisse nicht auszuschließen ist. Er begründete die Ursache für eine Anhäufung von Spannung bei den Aktualneurosen physisch (z. B. Koitus interruptus) und nahm an, dass die Ursache der Psychoneurosen in der Verdrängung läge.

In seiner neuen, abgeänderten Theorie zur Angst unterscheidet Freud nun automatische Angst und die in den Psychoneurosen zentral wirkende Signalangst. Angst gilt nun als Ich-Funktion, Affekte sind keine Sicherheitsventile mehr, sondern werden vom Ich in Signale umgewandelt.

3 Konzepte der Angsttheorien

3.1 Graphische Darstellung beider Angsttheorien

Theorie I: Angst resultiert aus Verdrängung

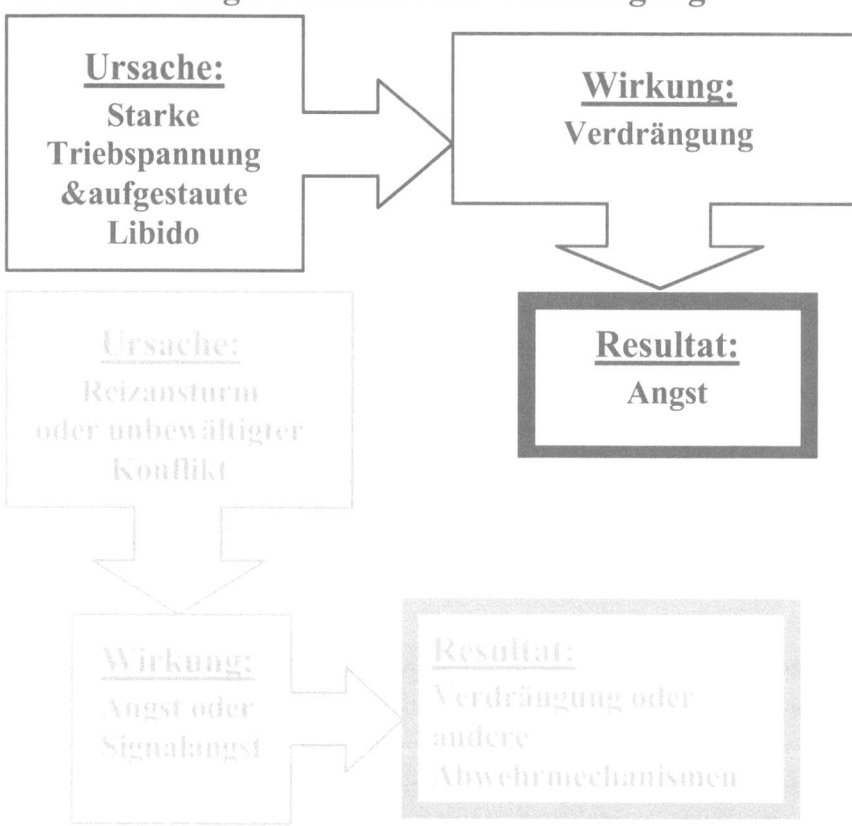

3.2 Angsttheorie I [1895]

Angst bezeichnet in dieser Theorie eine pathologische Form von Furcht. Sie kann zwar dieselben Phänomene aufweisen wie normale Furcht vor äußerer Gefahr, hat aber einen gänzlich anderen Ursprung: Furcht vor äußerer Bedrohung ist eine aufgrund von Erfahrungen angelernte Reaktion, Angst sei umgewandelte Libido, also eine pathologische Manifestation von Triebenergie. Die Libido ist der psychische Aspekt des Sexualtriebes, die Energie als Substrat der Umwandlung des Sexualtriebes auf das Objekt (Verschiebung der Besetzung), auf das Ziel (Sublimierung) oder auf die Quelle sexueller Erregung (Vielfalt erogener Zonen). Sie sei die „Energie solcher Triebe, welche mit all dem zu tun haben, was man als Liebe zusammen fassen kann" [Freud, S., G. W. Bd. 13, S. 98].

Er unterteilt Angst hier in Realangst oder Furcht und (neurotische) Angst. Er postuliert, dass Realangst eine normale Reaktion des menschlichen Organismus auf eine äußere Gefahr darstelle und der Selbsterhaltung diene, Furcht und Realangst bezögen sich immer auf ein äußeres Objekt. (Neurotische) Angst hingegen ist ein Zustand ohne ein fassbares Gefahrenobjekt. Bei der Realangst erschrecke der Mensch vor äußeren Gefahren, bei der neurotischen Angst stamme die Gefahr von innen, das Ich fürchtet die libidinösen Ansprüche des Es. In beiden Fällen hat der Angstaffekt die Aufgabe, das Ich zu alarmieren und Abwehrmaßnahmen einzuleiten.

Die Angst resultiert nach Freuds erster Theorie wie beschrieben aus Aufstauung und ungenügender Entladung von Libido, die sich in Angst umwandeln kann. Unwichtig ist dabei, ob die abnormale Ansammlung von Libido in der Psyche das Ergebnis äußerer Hindernisse präsentiert, die eine ordnungsgemäße Entladung verhinderten oder ob sie aus inneren Hindernissen, wie unbewussten Konflikten oder Hemmungen bezüglich sexueller Befriedigung, resultiert. Die erste Angsttheorie erklärt nicht, wie die Umwandlung stattfindet oder welche Faktoren den genauen Zeitpunkt bestimmen.

Freud bringt in seiner ersten Angsttheorie Angstneurosen ausschließlich mit Störungen im Sexualleben in Verbindung und versucht dies physiologisch zu erklären: Sexuelle Energie, die nicht ausreichend abgeführt werden kann durch Praktiken, die eine volle Befriedigung verhindern oder sexuelle Stimulierung gänzlich ohne anschließende Befriedigung führen zur Angstproduktion. Die Symptome wie veränderte Vitalfunktionen, Herzklopfen, Zittern usw. seien Folgen eines toxischen Einflusses der aufgestauten Libido.

Diese Angsttheorie ist nur für die Erklärung der Ängste Erwachsener angelegt.

3.3 Die Drei Instanzen der menschlichen Psyche: Strukturhypothese [1923]

Eine entscheidende Neuerung im Bereich der Metapsychologie, die Einführung der Strukturhypothese, beschleunigt die Weiterentwicklung von Freuds Angsttheorie und veranlasst ihn dazu, die gesamte bis dahin gültige Angsttheorie zu überdenken. Dieser Umgestaltungsprozess beginnt 1923 mit seiner Arbeit „Das Ich und das Es" und zehn Jahre später legt er die Inhalte in der 31. Vorlesung „Neue Folgen – Die Zerlegung der psychischen Persönlichkeit" nochmals dar.

Die Strukturhypothese versucht aufeinander bezogene psychische Prozesse und Inhalte zusammenzufassen und die verschiedenen Bereiche nach funktionalen Unterschieden zu unterteilen. Freud postuliert drei solcher funktional zusammenhängender Gruppen:

1. Das Es $\Longrightarrow$ Psychische Repräsentanz der Triebe
2. Das Ich $\Longrightarrow$ Vermittler zwischen Individuum und Umwelt
3. Das Über-Ich $\Longrightarrow$ Moralische Vorschriften (Gewissen), ideale Strebungen

Die Triebe sind von Geburt an präsent, nicht so das Interesse an der Umwelt oder die Moralvorstellungen und angestrebten Ideale. Die Letzteren entwickeln sich erst im Verlaufe der kindlichen Entwicklung, sie sind ursprünglich Teile des Es und differenzieren sich im Heranwachsen aus.

Zuerst findet die Ausdifferenzierungen der Ich-Funktionen statt, denn der Säugling zeigt zunächst Interesse an der Umwelt und möchte ein gewissen Maß an Kontrolle über sie ausüben. Dieser Prozess beginnt in den ersten sechs bis acht Monaten, mit zwei oder drei Jahren ist er deutlich nachweisbar, obwohl die Ich-Funktionen noch erheblich weiterwachsen und sich weiterentwickeln. Die Differenzierung des Über-Ichs setzt erst mit fünf oder sechs Jahren richtig ein und ist wahrscheinlich erst mit zehn oder elf Jahren fest ausgeprägt.

3.4 Angsttheorie II [1926]

1926 veröffentlicht Freud seine Monographie „Hemmung, Symptom und Angst". In dieser Schrift stellt er Angst als Zentralproblem der Neurose dar und entfaltet eine zweite, revidierte Theorie der Angst basierend auf der Strukturhypothese, die er zuvor (1923 „Das Ich und das Es") in einer neuen Theoriebildung dargestellt hat und die den psychischen Apparat beinhaltete in seiner Struktur mit Es, Ich und Über-Ich. Infolge dessen erweitert und verändert

Freud 1926 in der erwähnten Monographie grundlegend und außerordentlich umfangreich seine Auffassung über die Entstehung und Wirkungsweise der Angst. Die Neufassung seiner Angsttheorie steht unübersehbar unter dem Einfluss der zuvor erarbeiteten Instanzenlehre; zentral für die Angstentstehung sind nun vor allem die Ich-Instanz, die zur Stätte der Angst wird und die Angst als zentraler Mechanismus zur Symptombildung.

Einen Hauptteil seiner früheren Theorie lässt Freud nun fallen: Er gibt die These völlig auf, dass nicht entladene Libido in Angst umgewandelt werde. Diese Änderung nimmt er aufgrund klinischer Erfahrungen vor und belegt seine neue Position mit der Erörterung zweier Fälle von Phobien in der Kindheit: Zum einen mit der infantilen hysterischen Pferdephobie des „kleinen Hans", der Angst hat, von einem Pferd gebissen zu werden und zum anderen die des „Wolfsmannes", der befürchtete, von einem Wolf gefressen zu werden. In beiden Fällen ist das Angsttier ein Vaterersatz und bot sich jeweils an, da der Vater des kleinen Hans mit diesem „pferdl" gespielt hatte und auch der Vater des Wolfsmannes scherzhaft als Wolf gedroht hatte, ihn zu fressen. Freud legt in dieser Schrift eine klinisch anwendbare Theorie der Angst dar und fixiert damit an der Geschichte des kleinen Hans schriftlich ein wichtiges Einzelbeispiel für eine fruchtbare klinische Anwendung.

3.4.1 Angsttheorie II/Teil 1

Teil 1: Konzept der automatischen Entstehung von Angst in traumatischen Situationen

a Angst entsteht automatisch, sobald die Psyche durch einen Ansturm von Reizen überwältigt wird, der zu stark ist, als dass er beherrscht oder entladen werden könnte.
Freud verknüpft Angstentstehung in seiner neuen Theorie mit dem Auftreten von traumatischen Situationen. Dies sind Situationen, in denen Angst automatisch entsteht in Folge einer Überwältigung der Psyche durch ein übergroßes Einströmen von Reizen, die nicht mehr kontrolliert oder abgeführt werden können.

b Diese Reize können sowohl äußeren wie auch inneren Ursprungs sein, sie kommen aber am häufigsten aus dem Es, d. h. aus den Trieben (Es-Angst, da Ursprung im Es, aber Sitz der Angst: das Ich!).
Innere Reize
Typisch für die Entstehung des primitiven, automatischen Typus von Angst, der Es-Angst, sind Reizüberflutungen inneren Ursprungs, wie bei einem Kleinkind, das seinen

Triebregungen (Reizüberflutung) ausgeliefert ist, weil dessen Mutter nicht da ist, um ihm die Befriedigung zu verschaffen, nach der sein Es verlangt. Diese traumatischen Situationen in der ersten Lebenszeit, die infolge der Forderungen des Es entsehen, sind die häufigsten und wichtigsten.

Freud klassifiziert allerdings auch die Aktualneurosen bei Erwachsenen also solche traumatische Situationen. Die Patienten würden unter Ängsten leiden, die auf einen überwältigenden Ansturm von Reizen auf das Ich zurückzuführen seien und aus sexueller Triebenergie resultierten, die infolge äußerer Hindernisse nicht ausreichend entladen würde.

Sitz der Angst

Das Es ist nicht, wie man leicht annehmen könnte, der Sitz dieser Art Angst. Nach Freud ist das Erleben jeglichen Gefühls eine Funktion des Ich, das heißt das Ich ist der Sitz aller Gefühle. Auch wenn ganz kleine Kinder nur Rudimente eines Ichs haben und sich auch dieses winzige Bisschen, dass gerade begonnen hat, sich vom Es zu differenzieren, kaum von demselben unterscheiden lässt, ist das, was sich an Ich tatsächlich erkennen lässt, der Sitz der Angst.

Äußere Reize

Die Geburt ist nach Freud ein Beispiel einer frühkindlichen traumatischen Situation, die durch Reize entsteht, die hauptsächlich äußeren Ursprungs sind.

Bei erwachsenen Menschen könne man nach Freud die traumatischen Neurosen (Symptome: paroxysmale {anfallsweise, sich im Anfall steigernd}ängstliche Krisen, Agitiertsein{unruhig, erregt}, Stupor{völlige körperl.+geistige Regungslosogkeit, Starrheit}, Verwirrung) auf die gleichen Ursachen zurückführen: Die Folge eines überwältigenden Ansturms äußerer Reize, der automatisch zur Entstehung von Angst führt. Das Auftreten der Symptome folgt auf einen emotionalen Schock, der im allgemeinen mit einer Situation zusammenhängt, in der das Subjekt sein Leben bedroht fühlt.

Später jedoch [1925] schränkt er ein, eine traumatische Neurose kann wohl nicht ohne die Beteiligung der tieferen Persönlichkeitsschichten auf so einfache Weise entstehen.

c Wenn Angst nach diesem Muster automatisch entsteht, so wird die Situation traumatisch genannt.

Eine traumatische Situationen in der frühen Kindheit ist die Abwesenheit der Mutter zum Zeitpunkt, zu dem das Kind einem Triebbedürfnis ausgeliefert ist, dass nur durch die Mutter befriedigt werden kann. Das Ich des Kindes ist in dieser Zeit noch nicht genügend entwickelt, um während der Abwesenheit der Mutter die nicht unmittelbar zu erreichende Befriedigung durch Zügelung der Triebwünsche hinauszuschieben. Statt dessen wird die Psyche von einem

Reizansturm überwältigt, der weder vom Ich beherrscht noch in ausreichendem Maße entladen werden kann und Angst hervorruft. So entsteht eine traumatische Situation.

d Der Prototyp solcher traumatischen Situationen ist die Geburt.

Die Wirkung des Geburtserlebnisses auf das Kind verursacht nach Freud prototypisch die Manifestation automatischer Angst, denn in diesem Moment ist das Neugeborene dem überwältigenden Einströmen von äußeren und viszeralen Sinnesreizen ausgesetzt. Freuds Hauptinteresse an der Geburt als beängstigende traumatische Situation begründet sich in der Annahme, sie wäre der Prototyp späterer, psychologisch bedeutsamer traumatischer Situationen. Wäre dem tatsächlich so, wäre dies eine traumatische Situation in früher Kindheit durch Reize, die hauptsächlich äußeren Ursprungs sind.

Freud: „Die Geburt ist ebenso die allererste Lebensgefahr wie das Vorbild aller späterer, vor denen wir Angst empfinden, und das Erleben der Geburt hat uns wahrscheinlich den Affektausdruck, den wir Angst heißen, hinterlassen. Der Macduff der schottischen Sage, den seine Mutter nicht geboren hatte, der aus seiner Mutter Leib geschnitten wurde, hat darum auch die Angst nicht gekannt."

e Automatische Angst ist charakteristisch für die frühe Kindheit, weil das Ich in diesem Lebensstadium noch schwach und unreif ist. Sie findet sich aber auch im Leben Erwachsener in den Fällen sogenannter Aktualneurosen.

Da es zu den Ich-Funktionen gehört, einströmende Reize zu meistern und wirksam abzuführen, kommen traumatische Situationen, die automatische Angst auslösen, häufiger in den ersten Lebensmonaten und -jahren auf, solange das Ich noch schwach entwickelt ist. Das kleine Kind ist von der Mutter abhängig, nicht nur bezüglich der Befriedigung der meisten körperlichen Bedürfnisse, sondern auch bezüglich der Triebbefriedigung, die Kleinkinder, zumindest in den ersten Lebensmonaten, hauptsächlich im Zusammenhang mit körperlicher Befriedigung erleben. Wird ein Kind zum Beispiel gestillt, so wird nicht ausschließlich sein Hunger gestillt, es erlebt zugleich die Trieblust oraler Stimulierung, die Lust gehalten, liebkost und gewärmt zu werden. Vor einem gewissen Alter kann das Kind diese Arten von Lust, also diese Triebbefriedigungen, nicht alleine erreichen, dazu braucht es seine Mutter. Ist diese in einem Moment des Bedarfs nicht verfügbar, entsteht beim Kleinkind automatische Angst, denn die Psyche wird mit unbeherrschbaren Reizen überflutet und das Ich ist noch nicht fähig oder stark genug, durch Eindämmung der Triebwünsche die Befriedigung aufzuschieben.

Die Fähigkeit und Tendenz des psychischen Apparats, auf einen übergroßen Ansturm von Reizen mit der Entwicklung von Angst zu reagieren, bleibt das ganze Leben hindurch erhalten. Es können also in jedem Lebensalter traumatische Situationen im Sinne Freuds entstehen. Aber sie werden seltener, denn je besser das Ich ausgebildet ist, um so besser ist es imstande sich anbahnende Reize inneren wie äußeren Ursprungs zu beherrschen oder zu entladen. Und dennoch ist die Aktualneurose des erwachsenen Menschen durch das Entstehen automatischer Angst gekennzeichnet. Sie ist ein Neurosentyp, den Freud von den Psychoneurosen unterscheidet und er rechnete zunächst nur die Angstneurosen und Neurasthenien (nervöse Erschöpfung, Nervenschwäche) dazu, schlug später vor, auch die Hypochondrie (Gefühl körperlicher + seelischer Krankheit ohne pathologische Grundlage) dort einzuordnen. Der Ursprung der Aktualneurosen liegt nicht in einem infantilen Konflikt sondern in der Gegenwart und ihre Symptome sind kein symbolischer Ausdruck und überdeterminiert, sondern resultieren direkt aus einer fehlenden oder ungenügenden sexuellen Befriedigung.

3.4.2 Graphische Darstellung Angsttheorie II/Teil 1

Automatische Angstentstehung in traumatischen Situationen

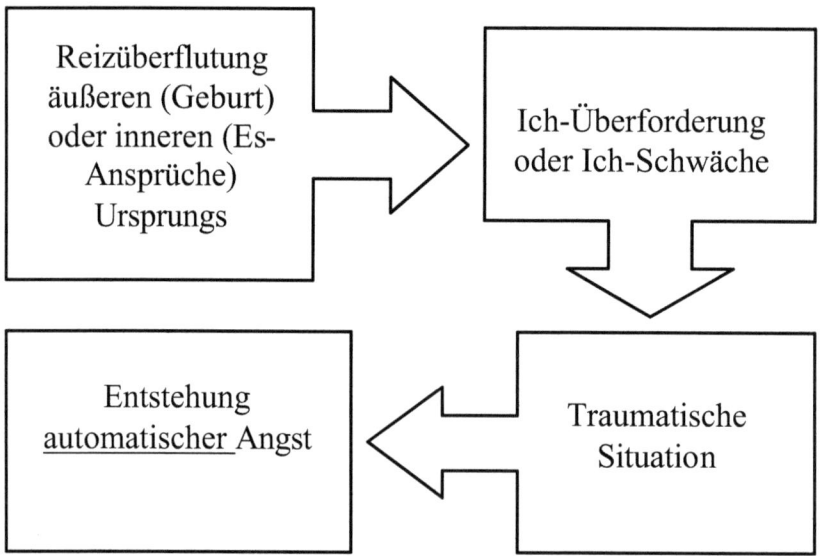

3.4.3 Angsttheorie II/Teil 2

Teil 2: Das kleine Kind lernt im Verlaufe seiner Entwicklung, das Herannahen einer traumatischen Situation zu antizipieren und reagiert mit Angst, bevor sie traumatisch wird

a Im Laufe der Entwicklung erwirbt das Ich die Fähigkeit, Angst zu erzeugen (Signalangst), wenn eine Gefahrensituation entsteht (Drohung einer traumatischen Situation), später auch nur in Erwartung einer Gefahr.

Diese Angst nannte Freud Signalangst, sie wird hervorgerufen durch eine Gefahrensituation oder durch die Erwartung von Gefahr. Ihr Einsetzen ist eine Ich-Funktion und sie dient dazu, die dem Ich zur Verfügung stehenden Kräfte zu mobilisieren, um der traumatischen Situation zu begegnen oder sie zu vermeiden.

Verdeutlicht an dem Beispiel des Säuglings bedeutet eine Gefahrensituation die Trennung von der Mutter. Wird das Kind während es alleine ist von einem Triebbedürfnis befallen, zu dessen Befriedigung die Gegenwart der Mutter nötig ist, wird die Situation traumatisch und es entsteht automatisch Angst. Mit zunehmender Ich-Entwicklung kann das Kind erkennen, dass ein Zusammenhang besteht zwischen dem Weggehen der Mutter und dem extrem unangenehmen Zustand automatisch entstehender Angst. Das Ich kann wahrnehmen, dass keine Angst entsteht, wenn die Mutter anwesend ist, wohl aber manchmal, wenn sie fort ist. Infolgedessen betrachtet das Ich des Kindes die Trennung von der Mutter als Gefahrensituation. Es weiß um die Gefahr des Auftretens gebieterischer Forderungen des Es nach Befriedigung und aufgrund dessen erzeugt das Ich aktiv Signalangst, die als Gefahrenwarnung fungiert. Das Ich umfasst eine Gruppe zusammenhängender Funktionen. In einer Gefahrensituation sind einiger dieser Funktionen mit dem Erkennen der Gefahr befasst (Sinneswahrnehmung, Erinnerung, spezifischer Denkprozess), während andere Ich-Funktionen auf die Gefahr mit dem reagieren, was als Angst gefühlt wird. Es ist anzunehmen, dass die Wahrnehmung einer Gefahr Phantasievorstellungen einer traumatischen Situation hervorruft und dass schon diese Phantasie dann die Signalangst verursacht.

b Durch das Wirken des Lustprinzips setzt diese Signalangst das Ich in den Stand, Es-Impulse in einer Situation der Gefahr in Schach zu halten oder zu untersagen.

Wenn das Ich nun eine Gefahrensituation als solche erkennt und darauf mit der Erzeugung von Signalangst reagiert, kommt die Bedeutung des Lustprinzips [Freud 1911] zum Tragen. Dieses Prinzip besagt, dass die Psyche dazu neigt, so zu operieren, dass Unlust vermieden und

Lust erlangt wird. In der ganz frühen Lebenszeit ist die Tendenz zur Lusterlangung gebieterisch und unmittelbar, eine Triebbefriedigung kann nicht aufgeschoben werden und duldet keine Verzögerung. Erst mit zunehmendem Alter (Ich-Entwicklung) kann das Kind die Erlangung von Lust und die Vermeidung von Unlust hinausschieben.

„Lust" und „Unlust" sind hierbei subjektive Begriffe, sie beziehen sich auf subjektive Phänomene, hier auf Affekte.

Die Signalangst nun ist unangenehm, und je intensiver die Angst, desto unangenehmer ist die Signalangst. Bis zu einem gewissen Grad sind die Intensität der Angst und die Einschätzung von Ernsthaftigkeit und Bedrohlichkeit der Gefahr durch das Ich proportional, erhebliche Gefahrensituationen rufen also starke Angst und entsprechend ausgeprägte Unlust hervor. Diese Unlust aktiviert dann das allmächtige Lustprinzip, und sein Wirken verleiht dem Ich die nötige Kraft, das Auftauchen beängstigender Es-Impulse oder ihre weitere Tätigkeit unter Kontrolle zu halten.

c Es gibt eine charakteristische Gruppe oder Abfolge von Gefahrensituationen in der frühen und späteren Kindheit, die als solche in mehr oder weniger starkem Grad das ganze Leben hindurch unbewusst weiterbesteht.

Freud stellt eine Reihe typischer Gefahrensituationen dar, die nacheinander im Leben eines jeden Kindes vorkommen:

- Im frühesten Stadium der Ich-Entwicklung bis zum Alter von etwa eineinhalb Jahren: Trennung von einem Menschen, der für das Kind als Quelle der Befriedigung wichtig ist. Das wird in psychoanalytischer Literatur oft bezeichnet mit „Objektverlust" oder „Verlust des geliebten Objekts", obwohl das Kind in dem Alter, in dem es diese Gefahr wahrnimmt, noch gar nicht eines so komplexen Gefühls wie Liebe fähig ist.
- Im Alter von eineinhalb bis zweieinhalb Jahren: Verlust der Liebe eines Menschen aus seiner Umgebung, auf den es zur Befriedigung angewiesen ist, das heißt, obwohl der Mensch also präsent ist, befürchtet das Kind, dass es dessen Liebe verliert: „Verlust der Liebe des Objekts".
- Im Alter von zweieinhalb bis dreieinhalb Jahren: Jungen: Gefahr des Verlusts des Penis, also Kastrationsangst. Mädchen: Gefahr einer analogen Genitalverletzung
- Im Alter ab fünf bis sechs Jahre, nach der Über-Ich-Bildung: Gefahr des Schuldgefühls, der Missbilligung und Bestrafung durch das Über-Ich.

Alle diese Gefahren bestehen unbewusst das ganze Leben hindurch weiter und die relative Bedeutung der einzelnen variiert von Mensch zu Mensch.

d Signalangst ist eine abgeschwächte Form der Angst, sie spielt in der normalen Entwicklung eine große Rolle und ist die Form der Angst, die für die Psychoneurosen charakteristisch ist.

Die Intensität der Signalangst ist wesentlich geringer als die der eigentlichen Angst, die eine traumatische Situation begleitet. Dieses Signal, das das Ich im Laufe seiner Entwicklung zu geben lernt, bereitet ihm viel weniger intensive Unlust als die Angst, die in einer traumatischen Situation entstünde, würde das Signal nicht vorwarnen. Signalangst ist also eine abgeschwächte Angstform.

Grundsätzlich jedoch spielt die Angst eine wesentliche Rolle in jeder normalen, gesunden Entwicklung. Sie befähigt das Ich, Triebwünsche und -impulse zu kontrollieren oder zu untersagen. Diese Funktion der Angst ist notwendig für jede Art von Erziehung, denn ohne sie wäre jeder seinen Es-Impulsen ausgeliefert und genötigt, möglichst alle Triebe nacheinander oder gleichzeitig zu befriedigen.

Die typischen Gefahrensituationen aus der kindlichen Entwicklung bestehen unbewusst bei jedem Individuum das ganze Leben hindurch weiter. Bei neurotischen Menschen bleiben sie in einem übermäßigen Grad bestehen, und es ist für die klinische Arbeit von großer Bedeutung herauszufinden, welche Gefahr der Patient unbewusst hauptsächlich fürchtet.

Beide aufgeführten Angstzustände (automatische und Signalangst) verbinden mehrer Gemeinsamkeiten: In beiden Fällen „...sowohl als automatisches Phänomen wie rettendes Signal zeigt sich die Angst als Produkt psychischer Hilflosigkeit des Säuglings, welche das selbstverständliche Gegenstück seiner biologischen Hilflosigkeit ist" [Freud, S., G. W., Bd. 14, S. 168].

3.4.4 Graphische Darstellung Angsttheorie II/Teil 2

Erzeugung von Signalangst im Ich mit fortgeschrittener Entwicklung

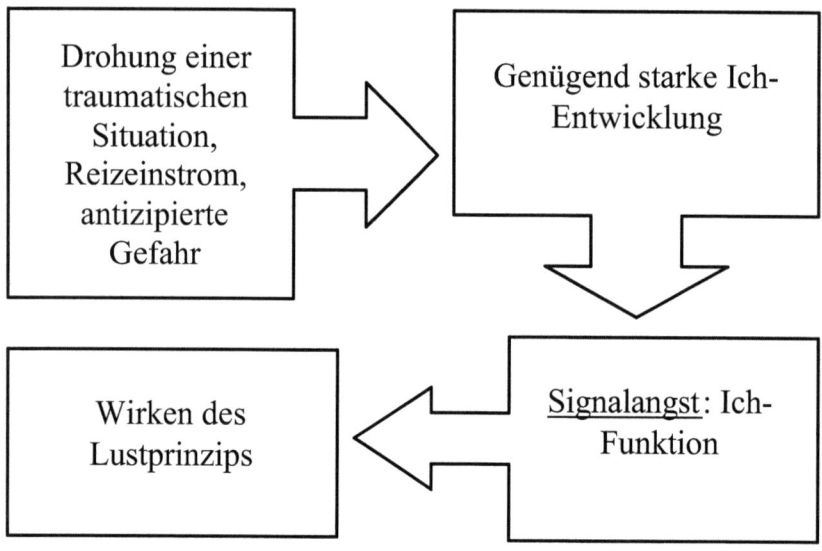

4 Verschiedene Angstquellen

Die Ängste werden nicht nur nach ihren Ursprüngen und Ausprägungen unterschieden, sondern auch nach ihren jeweiligen Quellen. Es bestehen drei Konfliktpotentiale, aus denen Angst entstehen kann. Voraussetzung für diese drei sind ein differenziertes Ich, von dem man schon im frühen Lebensalter ausgehen kann und ein gebildetes Über-Ich, dessen Herausbildung erst eine erhebliche Zeit später geschieht.

> **Realangst**
>
> Die Realangst entsteht aus einem Konflikt zwischen dem Ich und der Realität. Sie basiert auf der Wahrnehmung einer äußeren Gefahr und diese Grundangst hat eine genetisch-biologische Verankerung als Mittel der Selbsterhaltung.

> **Es-Angst**
>
> Die Es-Angst resultiert aus einem Konflikt zwischen dem Ich und dem Es. Wenn das Ich die Triebansprüche des Es nicht kontrollieren, bewältigen oder adäquat ableiten kann bedeutet das eine Bedrohung für das seelische Gleichgewicht und macht (neurotische) Angst. In dieses Feld gehört auch die neurotische Angst, wenn das Ich nicht ausreichen befähigt ist, den Es-Ansprüchen Herr zu werden und befriedigend zwischen Es und Realität zu vermitteln.

> **Über-Ich Angst**
>
> Die Über-Ich Angst basiert auf einem Konflikt zwischen dem Ich und dem Über-Ich. Es entsehen Gewissenskonflikte aufgrund verinnerlichter Normen und Werte. Das Ich kann nicht zufriedenstellen vermitteln zwischen den Wünschen des Es und dem Gewissen oder es kann seinem Ideal-Ich nur ungenügend gerecht werden. Es entstehen Scham und Schuldgefühl, sowie Angst vor Bestrafung aus dem Über-Ich.

5 Helfer des Ichs gegen bedrohliche Angstimpulse: Abwehrmechanismen

Das Ich tritt den Impulsen des Es dann entgegen, wenn anzunehmen ist, das die Es-Ansprüche eine Gefahrensituation schaffen. Das Ich erzeugt dann Angst als Gefahrensignal, gewinnt damit die Hilfe des Lustprinzips und wird so in die Lage versetzt, dem Auftauchen gefährlicher Es-Impulse mit Erfolg Widerstand zu leisten. Dieser Widerstand wird als Abwehr oder Abwehroperationen des Ichs bezeichnet.

Grundsätzlich kann das Ich alle Prozesse der normalen Ich-Bildung und Ich-Funktion zu Abwehrzwecken nutzen (Ichhaltung, Wechsel der Aufmerksamkeit, Förderung eines anderen Es-Impulses, Bildung von Identifizierungen, Förderung einer Phantasie).

Die Abwehrformen des Ichs, die es primär gegen bedrohliche Es-Ansprüche entwickelt hat, sind die Abwehrmechanismen [Anna Freud 1936]. Es wird nach wie vor kontrovers diskutiert, was als Abwehrmechanismus bezeichnet werden kann im Gegensatz zu anderen Mitteln des Ichs zur Beherrschung der Es-Impulse. Nachfolgend werden einige Abwehrmechanismen kurz erörtert, die allgemein anerkannt sind und eine akzeptiert wichtige Bedeutung für das psychische Geschehen haben.

> Verdrängung

Tätigkeit des Ich, die dem unerwünschten Es-Impuls oder seinen Abkömmlingen, wie Erinnerungen, Emotionen, Begehrungen oder wunscherfüllende Phantasien den Zugang zum Bewusstsein versperrt, sie existieren im bewusste Leben einfach nicht. Eine verdrängte Erinnerung ist subjektiv vom Verdrängenden betrachtet eine vergessene Erinnerung. Es ist unklar, ob es überhaupt eine andere Art des Vergessens gibt als die Verdrängung.

> Reaktionsbildung

Mechanismus des Ich der bei einem Paar von ambivalenten Haltungen zum Einsatz kommen kann: Die eine Haltung wird durch Überbetonung der anderen unbewusst gemacht und gehalten. Auf diese Wiese scheint an die Stelle von Hass Liebe zu treten, an die Stelle von Grausamkeit Sanftmut, von Dickköpfigkeit Nachgiebigkeit. Das Ich fürchtet die Impulse der einen Regung und setzt die Reaktionsbildung in Gang, um die bedrohlichen Regungen abzubremsen und zu kontrollieren durch Verstärkung und Betonung des nicht bedrohlichen gegensätzlichen Impulses.

> Verleugnung

Es wird bei diesem Vorgang ein unangenehmes Stück der äußeren Wirklichkeit mit

Hilfe wunscherfüllender Phantasien verleugnet. Die unerwünschten Fakten der Realität werden abgelehnt und durch eine Phantasie und ein Verhalten ersetzt, die die eigenen Wünsche befriedigen.

➢ Projektion

Der Mensch schreibt einen eigenen Wunsch oder Impuls einer anderen Person oder auch einem nichtpersönlichen Objekt zu. Das sind die eigenen Wünsche und Regungen, die für den Betreffenden nicht akzeptabel sind und die er mittels Projektion auf einen anderen abschieben möchte. So sind Verbrechen und Laster, die wir in Kriegszeiten unseren Feinden zuschreiben (Vorurteile), wie auch abergläubische und religiöse Überzeugungen oft das Resultat unbewusster Projektionen eigener Regungen und Wünsche. Bei Menschen, die Projektionen in großem Ausmaß unbewusst einsetzen, ist oft die Realität der Betreffenden stark verzerrt, die Fähigkeit zur Realitätsprüfung des Ichs ist erheblich beeinträchtigt.

6 Literaturverzeichnis

Brenner, Charles; „Grundzüge der Psychoanalyse"; Frankfurt a.M. 1967

Freud, Sigmund; „Hemmung, Symptom und Angst"; Frankfurt a.M. 1997

Gay, Peter; „Freud"; Frankfurt a. M. 1989

Laplanche, Jean/Pontalis, J.-B.; „Das Vokabular der Psychoanalyse"; Frankfurt a.M. 1998

Nagera, Humberto; „Psychoanalytische Grundbegriffe"; Frankfurt a. M. 1974